Hausarbeit Trainingslehre 1. Erstellung eines Trainingsplans für Krafttrainining

Beispiel anhand eines konkreten Einzelfalls

Simon Kiefer

Bibliografische Information der Deutschen Nationalbibliothek:

Die Deutsche Nationalbibliothek verzeichnet diese Publikation in der Deutschen Nationalbibliografie; detaillierte bibliografische Daten sind im Internet über http://dnb.d-nb.de abrufbar.

ISBN: 9783346817051
Dieses Buch ist auch als E-Book erhältlich.

© GRIN Publishing GmbH
Nymphenburger Straße 86
80636 München

Druck und Bindung: Books on Demand GmbH, Norderstedt Germany
Gedruckt auf säurefreiem Papier aus verantwortungsvollen Quellen

Das vorliegende Werk wurde sorgfältig erarbeitet. Dennoch übernehmen Autoren und Verlag für die Richtigkeit von Angaben, Hinweisen, Links und Ratschlägen sowie eventuelle Druckfehler keine Haftung.

Das Buch bei GRIN: https://www.grin.com/document/1328872

Deutsche Hochschule für
Prävention und Gesundheitsmanagement
Hermann Neuberger Sportschule 3
66123 Saarbrücken

Einsendeaufgabe

Fachmodul:	Trainingslehre I
Studiengang:	Fitnessökonomie
Datum Präsenzphase:	18.02. – 21.02.2019
Name, Vorname:	Kiefer, Simon
Studienort:	Stuttgart
Semester:	WS 18/19

Inhaltsverzeichnis

1 Diagnose

Es soll eine Trainingsplanung für ein Mitglied eines Fitnessstudios erstellt werden. Als Grundlage einer zielgerichteten Krafttrainingsplanung für die Zielperson dient die Diagnose. Im Rahmen dieser wurden ein Eingangsgespräch geführt und allgemeine und biometrische Daten festgehalten sowie motorische Krafttests durchgeführt.

1.1 Allgemeine und biometrische Daten

1.1.1 Allgemeine Daten

Tab. 1: Allgemeine Daten

Alter	22 Jahre (Geboren 07.07.1997)
Geschlecht	männlich
Berufliche Tätigkeiten	- Student - Nebenjob im Büro
Aktuelle sportliche Aktivitäten	Cardio- und Krafttraining im Fitnessstudio seit ca. 13 Monaten, ohne festen Plan. Umfang: 3x/Woche à 1-2 h.
Frühere sportliche Aktivitäten	Fußball und Tennis auf Hobbyebene, beides bereits über 8 Jahre zurückliegend.
Trainingsmotive	- Möchte einen flachen Bauch und definierte Figur - Stärker werden - Aufrechte Haltung, „gerade" Schultern
Allgemeine Befindlichkeit	- Insgesamt gutes Wohlbefinden - Schmerzen bei Beugung des Kniegelenks auf unter 90 ° - Gelegentliche Schmerzen im rechten Handgelenk im Bereich des Kahnbeins, jedoch ohne ärztliche Diagnose.
Zeitliche Verfügbarkeit für das Training	3x/Woche, jeweils bis zu 2 h

1.1.2 Biometrische Daten

Im Zuge der Erfassung der biometrischen Daten wurde ebenfalls eine Analyse der Körperzusammensetzung mittels Nah-Infrarotlicht-Technologie durchgeführt. Ziel hierbei war die Ermittlung des Körperfettanteils. Zusätzlich wurde der Blutdruck im Ruhezustand durch digitale Messung am Handgelenk bestimmt.

Tab. 2: Biometrische Daten

Größe	194 cm
Gewicht	104,5 Kg
Körperfettanteil (relativ / nominal)	19,6 % / 20,5 Kg
Blutdruck (Systolischer Wert/Diastolischer Wert)	122 mm/Hg / 82 mm/Hg

Zur Einordnung des gemessenen Blutdrucks wurden die aktuell geltenden Richtwerte gemäß der Weltgesundheitsorganisation WHO herangezogen (Tabelle 3).

Tab. 3: Richtwerte zur Beurteilung von Blutdruckwerten gemäß der WHO

	systolisch (mmHG)	Diastolisch (mmHG)
Optimal	<120	<80
Normal	120-129	80-84
Hochnormal	130-139	85-89
Hypertonie Grad 1	140-159	90-99
Hypertonie Grad 2	160-179	100-109
Hypertonie Grad 3	>=180	>=110
Isolierte systolische Hypertonie	>=140	<90

Der Blutdruck der Zielperson kann entsprechend der Richtwerte als „normal" eingestuft werden. Somit liegt diesbezüglich keine Einschränkung im Rahmen des Trainings vor. Des Weiteren sind keine medizinischen diagnostizierten Probleme auf orthopädischer oder internistischer Ebene vorhanden. Es erfolgt keine Einnahme von Medikamenten.

1.2 Durchführung motorischer Krafttests

Um das Krafttraining für die Zielperson von Beginn an sinnvoll zu gestalten und die richtigen Widerstände zu wählen, muss ein ausführlicher Krafttest erfolgen.

1.2.1 Wahl der Methodik

Im Eingangsgespräch berichtete die Zielperson von gelegentlich auftretenden Schmerzen während des Trainings im rechten Handgelenk sowie in den Kniegelenken bei zu weiter Beugung. Eine maximale Kraftentwicklung kann bei einer komplexen, mehrgelenkigen Übung nur im optimalen Zusammenwirken aller beteiligten Muskeln der jeweiligen Bewegungshandlung entfaltet werden (Schnabel et al, 1997). In vielen Übungen sind die Hand- oder/und Kniegelenke beteiligt. Um die Maximalkraft zu ermitteln ist es jedoch eine wichtige Voraussetzung, dass die benötigten Gelenke die Kraft, die von den Muskeln erzeugt wird, uneingeschränkt verarbeiten können. Darum, und zur Minimierung des Verletzungsrisikos bzw. Vermeidung einer Verschlimmerung bereits vorhandener Schmerzen wurde von einer Maximalkraftermittlung entsprechend des 1-RM-Tests abgesehen. Gleiches galt zunächst für die X-RM-Methode.

Da die Zielperson bereits über Trainingserfahrung im Fitnessstudio verfügt und schon ein gutes Belastungsempfinden entwickelt hat, wurde die Intensitätsbestimmung für den ersten Mesozyklus der Trainingsplanung über das subjektive Belastungsempfinden des Probanden durchgeführt. Für diese – relativ vorsichtige – Herangehensweise spricht ebenfalls, dass gegebenenfalls auftretende körperliche Schmerzen beim Probanden besser vermieden werden können. Zur besseren Einordnung wurde die Borg-Skala (Borg, 1998) herangezogen (Tabelle 4).

Tab. 4: Erfassung des subjektiven Belastungsempfindens nach Borg

Stufe	Subjektives Belastungsempfinden
6	
7	sehr, sehr leicht
8	
9	sehr leicht
10	
11	recht leicht
12	
13	etwas anstrengender
14	
15	anstrengend
16	
17	sehr anstrengend
18	
19	sehr, sehr anstrengend
20	

Wurde ein zuvor bestimmtes Gewicht während des Krafttests als „anstrengend" empfunden, so war die gewünschte Intensität erreicht.

Für die weiteren Mesozyklen des Trainings der Zielperson werden erneute Krafttests nach der X-RM-Methode durchgeführt, da dem Mitglied bei zunehmender Stabilisierung der Muskulatur und Gelenke während des ersten Mesozyklus eine Ausbelastung beim Krafttest als zumutbar erscheint. Hierfür spricht ebenfalls das junge Alter des Probanden.

1.2.2 Beschreibung des Testablaufs

Zur Vorbereitung des Krafttests führte die Zielperson ein 10-minütiges, allgemeines Aufwärmprogramm durch. Ziel hierbei ist die Erhöhung der Körperkerntemperatur sowie eine damit einhergehende Beschleunigung der biochemischen Stoffwechselvorgänge. Außerdem wird die Durchblutung erhöht, so dass die später benötigte, spezifische Muskulatur optimal mit Nährstoffen und Sauerstoff versorgt werden kann. Ebenfalls erfolgt hierbei eine Vorbereitung der entsprechenden Gelenke auf die später erhöhte Belastung.

Für die allgemeine Erwärmung wurde der Cross-Trainer als Gerät gewählt, da der Proband bei dieser Methode das beste Gefühl in seiner „Problemzone" um das Kniegelenk empfand. Zur weiteren Vorbereitung auf die folgenden Testsätze absolvierte der Proband ein bis zwei Aufwärmsätze bei niederem Gewicht, jeweils vor dem Testsatz einer Übung. Zweck eines solchen spezifischen Aufwärmens, ist die zielgenaue Vorbereitung des lokal beanspruchten Muskel- und Gelenkapparates. Als besonders wichtiger Effekt ist hierbei die erhöhte Produktion von Synovialflüssigkeit im jeweiligen Gelenk zu nennen (vgl. Gottlob 2009, S. 145 ff.). Diese trägt wesentlich dazu bei, die Gefahr von Schäden am hyalinen Knorpelgewebe so weit wie möglich zu minimieren.

Im Anschluss an die Aufwärmsätze wurden 1-3 Testsätze durchgeführt. Die Testsätze erfolgten mit einer Time under Tension von 4 Sekunden pro Wiederholung nach einem 2/0/2-Muster. Der konzentrische sowie exzentrische Ausführungsteil betrugen also jeweils 2 Sekunden pro Wiederholung. In jedem Testsatz wurden so viele Wiederholungen ausgeführt, bis der Proband die Belastung bei 15 Wiederholungen als „anstrengend" empfand. Ziel war die Ermittlung eines solchen Arbeitsgewichts für eine jede Übung, mit dem gerade noch 15 Wiederholungen erreicht werden konnten, ohne dass die Belastung das subjektive Empfinden nach Borg (s.o.) als „anstrengend" überschritt.

1.2.3 Daten und Ergebnisse aus den Testsätzen

Im Folgenden werden die aus den Testsätzen erhobenen Daten und Ergebnisse der Krafttests tabellarisch dargestellt.

Tab. 5: Daten und Ergebnisse aus den Testsätzen

Übung	Wiederholungen	Testsatz 1	Testsatz 2	Testsatz 3	Ergebnis
Kreuzheben	15	30 Kg	50 Kg	65 Kg	65 Kg
Bankdrücken an der Multipresse	15	35 Kg	50 Kg	--	50 Kg
Rudern horizontal am Gerät	15	30 Kg	45 Kg	--	45 Kg
Schrägbankdrücken mit Kurzhanteln	15	14 Kg	20 Kg	--	20 Kg
Butterfly reverse	15	20 Kg	25 Kg	35 Kg	35 Kg
Bizepscurls mit Langhantel	15	20 Kg	--	--	20 Kg
Trizepsdrücken am Kabelzug mit Stange	15	20 Kg	--	--	20 Kg
Bizepscurls reverse mit Langhantel	15	10 Kg	--	--	10 Kg
Beinstrecker	15	20 Kg	25 Kg	32,5 Kg	32,5 Kg
Beinbeuger	15	25 Kg	32,5Kg	--	32,5 Kg
Kniebeugen an der Hackenschmidt-Maschine (90°)	15	25 Kg	35 Kg	--	35 Kg
Latissimus-Zug am Kabel	15	25 Kg	35 Kg	42,5 Kg	42,5 Kg
Enges Rudern am Kabelzug horizintal	15	30 Kg	45 Kg	--	45 Kg
Schulterdrücken mit Kurzhanteln	15	10 Kg (1 Hantel)	--	--	10 Kg
Trizepsdrücken am Kabelzug mit Seil	15	20 Kg	25 Kg	--	25 Kg
Hammercurls mit Kurzhanteln	15	10 Kg (1 Hantel)	--	--	10 Kg

1.2.4 Fazit zum Krafttest und Konsequenzen für das Training

Der Krafttest dient vorrangig zur Ermittlung adäquater Trainingsgewichte für den ersten Mesozyklus des Trainings des Probanden. Diese stellen eine sinnvolle Bezugsgröße zum Abgleich mit den Ergebnissen zukünftiger Krafttest dar. Für die richtige Trainings-steuerung ist es wichtig zu beobachten, ob der Proband kontinuierliche Kraftzuwächse verzeichnen kann oder sein Training stagniert. Im Speziellen konnte im vorliegenden Fall beobachtet werden, dass die Kraftwerte in den Beinen, verglichen mit anderen Körperpartien, relativ gering waren. Folglich sollten die Beine verstärkt mit ins Training einbezogen werden. Dies könnte ebenfalls dabei helfen, die Knieprobleme des Probanden zu lindern.

Zur Leistungseinstufung und zur richtigen Trainingsplanung dient folgende Übersicht:

Tab. 6: Grobraster zur Trainingsplanung nach der ILB-Methode (Quelle: DHfPG)

Leistungsstufe	Zeitstufe (Monate)	Orga. - Form	Einheiten / Woche	Übungen / Muskel	Sätze / Übung	Intensität In % ILB
Orientierungsstufe	0-1,5	GK	2	1-2	1-2	Gering
Beginner	1,5-6	GK	2	1-2	1-2	50-70 %
Geübter	6-12	GK	2-3	1-2	2	60-80 %
Fortgeschrittener	>12	GK/Split	3-4	1-3	2-3	70-90 %
Leistungstrainierender	>36	GK/Split	3-6	1-4	2-4	80-100 %

Das Mitglied ist aufgrund der Dauer des bisherigen Trainings als Fortgeschrittener einzustufen. Es gilt allerdings zu beachten, dass die Zielperson bislang ohne Anleitung und auch ohne professionelle Einweisung in die Trainingsübungen trainierte. Dadurch könnten Bewegungen falsch ausgeführt worden sein, was ebenfalls die gelegentlich auftretenden Schmerzen erklären würde. Somit sollte die Intensität zu Beginn des geplanten Makrozyklus eher im Bereich des „Geübten" gewählt werden („subjektiv anstrengend").

2 Zielsetzung/Prognose

Auf Basis des Eingangsgesprächs wurden drei zentrale Trainingsziele herausgearbeitet.

2.1 Darstellung der Trainingsziele

Die abgeleiteten Trainingsziele können wie folgt dargestellt werden:

Tab. 7: Aus den Kundenwünschen generierte Trainingsziele

Inhalt	Ausmaß	Zeit
Reduzierung des Körperfettgehalts („Flacher Bauch")	Ca. 5-6 Kg	6 Monate
Kraftsteigerung gesamt („stärker werden")	25 - 35 %	6 Monate
Kraftsteigerung speziell oberer Rückenbereich und hintere Schulterpartie	Ca. 40 %	6 Monate

2.2 Begründung der Trainingsziele

Aus dem Wunsch des Mitglieds heraus, einen flachen Bauch zu bekommen, kann als Trainingsziel eine Senkung des Körperfettanteils formuliert werden. Zwar kann durch Training nicht gezielt Bauchfett verbrannt werden; jedoch ist zu erwarten, dass der Körper bei einer Fettreduktion ebenfalls die Fettzellen im Bereich des Bauches abbauen wird, was letztlich zu einem „flachen" Bauch führt.

Für das subjektiven Empfinden des Mitglieds, sich stärker zu fühlen, muss eine allgemeine Kraftsteigerung erreicht werden. Hierfür sind ein umfassendes Ganzkörpertraining sowie eine professionelle Leistungsdokumentation vonnöten, sodass der Leistungszuwachs des Mitglieds genau nachvollzogen werden kann. Erreicht das Mitglied im anvisierten Zeitraum den entsprechenden Leistungszuwachs, so ist zu erwarten, dass es sich auch im Alltag kräftiger und stabiler fühlen wird.

Ein besonderes Augenmerk soll beim Training auf die Stärkung des mittleren bis oberen Bereich des Rückens gelegt werden. Die Haltung des Mitglieds ist im Bereich der Hals- und Brustwirbelsäule leicht nach vorne geneigt. Möglicher Grund hierfür ist eine muskuläre Dysbalance aufgrund von muskulären Defiziten in der oberen Rückenregion und im hinteren Schultermuskel, wodurch der Kopf und die Schultern nach vorn „gezogen" werden. Dieser Eindruck wurde im Krafttest ebenfalls bestätigt, da sich die Brustmuskulatur als deutlich leistungsfähiger erwies als die Rückenmuskulatur. Das Mitglied bestätigte im Gespräch, aus ästhetischen Gründen vordergründig oftmals Brust und Arme trainiert zu haben.

3   Trainingsplanung Makrozyklus

Der Makrozyklus ist die langfristige Trainingsplanung – vorliegend für einen Zeitraum von sechs Monaten. Ziel eines Makrozyklus ist die Herausbildung der komplexen sportlichen Leistungsfähigkeit auf immer höherem Niveau (Schnabel et al, 1997, S. 323). Der geplante Makrozyklus für die Zielperson umfasst vier Mesozyklen.

Tab. 8: Makrozyklusplanung für die Zielperson

	Mesozyklus 1	Mesozyklus 2	Mesozyklus 3	Mesozyklus 4
Zyklusdauer	8 Wochen	6 Wochen	6 Wochen	6 Wochen
Trainingsziel	Kraftausdauer-training	Extensives Muskelaufbau-training	Intensives Muskelaufbautraining	Maximalkraft-training
Organisation	Ganzkör-per/Station	Ganzkör-per/Station	Ganzkör-per/Station	Ganzkör-per/Station
Einheiten pro Woche	3	3	3	3
Übungen/Muskelgruppe	1-2	1-2	1-2	1-2
Sätze/Übung	3	3	3	3
Wiederholungen/Satz	15	10	7	3
Satzpausen	60 s	60 s	75 s	90 s
Intensität	Subjektiv „anstrengend"	70 - 80 % ILB	80 - 90 % ILB	90 - 100 % ILB
Belastungsmuster	2/0/2	2/0/2	2/0/2	2/0/2
Time under Tension	70 s	40 s	28 s	12 s

3.1 Wahl der Trainingsmethode

Für den ersten Mesozyklus wurde eine Krafttrainingsmethode gewählt, die sich nach dem subjektiven Empfinden des Mitglieds richtet. Zwar stellt sich hinsichtlich der Intensitätsbestimmung das Problem, dass der entscheidende Parameter, das subjektive Belastungsempfinden nur äußerst schwer zu operationalisieren, also exakt zu messen ist (Fröhlich & Schmidtbleicher, 2003, S. 62). Jedoch schien es im vorliegenden Fall angezeigt, den Probanden nicht bereits beim ersten Krafttest durch die Anwendung der X-RM-Methode voll auszubelasten, da bei diesem bereits Schmerzen auftraten die durch zu starkes und/oder falsches Training hervorgerufen worden sein könnten. Somit dient der erste Mesozyklus vorwiegend dazu, einerseits die korrekte Übungsausführung einzuüben, andererseits zur Beobachtung, wie die problematischen Bereiche des Körpers auf erhöhte Belastung reagieren.

Davon ausgehend, dass sich die Schmerzen durch korrektes Training lindern bzw. diese verschwinden, wird in den darauffolgenden Mesozyklen versucht, die Intensität schrittweise auf Basis der Kraftermittlung nach der X-RM-Methode auf bis zu 100 % zu steigern.

3.2 Begründung der Belastungsparameter

3.2.1 Begründung der Belastungshäufigkeit

Wirth, Atzor und Schmidtbleicher (2007) konnten in einer Studie ermitteln, dass für Trainingsbeginner (mindestens 6 Monate Trainingserfahrung) 3 Trainingseinheiten pro Woche den größten Muskelzuwachs hervorrufen.

Da der Proband bereits seit über einem Jahr regelmäßig Krafttraining betreibt, kann bereits der erste Mesozyklus mit einer Belastungshäufigkeit von 3x/Woche angepeilt werden. Dies passt ebenfalls zur Organisationsform des Ganzkörpertrainings und ist auch mit dem Zeitbudget des Probanden kompatibel.

3.2.2 Begründung der Anzahl der Übungen pro Muskelgruppe

Die Anzahl der Übungen pro Muskelgruppe wurde auf 1-2 festgelegt. Zum einen sind im Rahmen eines Ganzkörperprogramms nicht viel mehr Übungen möglich, ohne dass dies möglicherweise zu einer Überlastung führen würde. Weiterhin könnte eine zu große Anzahl von Übungen den zeitlichen Rahmen des Mitglieds sprengen. So wurde für jede Muskelgruppe eine Übung gewählt, bei den besonders zu fokussierenden Muskelgruppen jeweils zwei.

3.2.3 Begründung der Anzahl der Sätze pro Übung

Veranschlagt sind 3 Sätze für jede Übung, dies entspricht dem Leistungsstand des Mitglieds nach seiner bisherigen Trainingserfahrung und seiner Beanspruchbarkeit.

3.2.4 Begründung der Belastungsdauer

Als Richtwerte für die Belastungsdauer wurden die Empfehlungen von Fröhlich, Schmidtbleicher und Emrich (2002a, 2002b) herangezogen (Ehlenz et al., 1998, S.111-113; Güllich & Schmidtbleicher, 1999):
-   Maximalkrafttraining: < 15 Sekunden
-   Hypertrophietraining: 20-50 Sekunden
-   Kraftausdauertraining: 50 – 120 Sekunden

Mit den gewählten Faktoren der Time under Tension und Wiederholungszahl bewegt sich das Mitglied im Rahmen dieser Empfehlungswerte.

3.2.5 Begründung der Belastungsdichte

Eine höhere Wiederholungszahl bei niederer Intensität geht mit einer relativ geringen Pause einher. Umgekehrt verlängert sich die Pausenzeit (Vgl. Güllich & Schmidtbleicher, 1999). Die Pausenzeiten sind unbedingt einzuhalten, sodass die Muskulatur zwar ausreichend gefordert wird, aber auch ausreichend Zeit zur Erholung zwischen den Sätzen hat.

3.2.6 Begründung der Intensität

Die Intensität steigert sich mit jedem Mesozyklus in dem Maße, wie die Anzahl der Wiederholungen sinkt und steht im direkten Zusammenhang mit dem Trainingsziel eines jeden Mesozyklus. Dabei kann und soll die Intensität im Laufe des Makrozyklus bis auf 100 % nach der ILB-Methode im Rahmen eines Maximalkrafttrainings ansteigen, da es ein Ziel des Mitglieds ist „stärker zu werden". Dies liegt angesichts des Alters und des körperlichen Befindens auch durchaus im Rahmen der Beanspruchbarkeit.

3.3 Begründung der Organisationsform

Die Übungen sind über den gesamten Makrozyklus hinweg als Ganzkörpertraining an Stationen organisiert. Ein Ganzkörper Training bietet den Vorteil, dass sämtliche Körperbereiche gleichmäßig (weil gleich häufig) trainiert werden. Somit kann das Mitglied weniger in Versuchung kommen, einzelne Muskelgruppen beim Training auszusparen, wie in der Vergangenheit geschehen. Zudem ist ein Stationstraining vorteilhaft, da die einzelnen Muskeln aufgrund der deutlich geringeren Pausenzeit intensiver belastet werden.

3.4 Begründung der Periodisierung

Um die Ziele des Mitglieds zu erreichen sollen im Laufe des Makrozyklus sowohl Muskelhypertrophie als auch Maximalkraft trainiert werden, um intermuskuläre Dysbalancen auszugleichen und insgesamt stärker zu werden. Das Training beginnt mit einem Kraftausdauerzyklus bei niederer Intensität. Zwar könnte aufgrund der einjährigen Trainingserfahrung des Mitglieds von einem Kraftausdauertraining abgesehen werden; jedoch lag bislang kein strukturierter Trainingsplan zugrunde. Der Proband soll ein Gefühl für die richtige Ausführung und Abfolge der Übungen entwickeln. Es soll begonnen werden mit einem Kraftausdauerzyklus, der auf die kommende Intensität des Hypertrophie- und Maximalkrafttrainings vorbereiten soll, und während dessen auch eventuell auftretende Schmerzen nochmals genauer beobachtet werden sollen.

Im weiteren Verlauf folgen 2 Mesozyklen erst des extensiven, dann des intensiven Muskelaufbautrainings. Durch die weitere Intensitätssteigerung und Senkung der Wiederholungszahl sollen besonders intermuskuläre Dysbalancen ausgeglichen und eine athletische Figur des Mitglieds herausgebildet werden.

Durch den abschließenden Zyklus des Maximalkrafttrainings soll das Mitglied nochmals deutlich an Maximalkraft hinzugewinnen. Hier erreicht der Makrozyklus die höchste Intensitätsstufe. So wird die Muskulatur zu neuromuskulären Anpassungsprozessen gezwungen – die intramuskuläre Koordination wird erheblich verbessert.

4 Trainingsplanung Mesozyklus

4.1 Darstellung des Mesozyklus

Im Folgenden soll der 2. Mesozyklus mit dem Ziel extensives Hypertrophietraining detailliert dargestellt werden.

Tab. 9: Mesozyklus 2 – extensives Hypertrophietraining

Zyklusdauer: 6 Wochen	Leistungsstufe: Fortgeschrittener
Ziel: Muskelaufbautraining extensiv	Sätze pro Übung: 3
Trainingseinheiten pro Woche: 3	Satzpausen: 60 s
Orga.-Form: Ganzkörper / Stationentraining	Wiederholungszahl: 10
Übungen pro Muskelgruppe: 1-2	Tempo: 2/02; T u. T.: 40 s

Dem Probanden wurden zwei unterschiedliche Trainingstage (Tag A / Tag B) erstellt, die für sich genommen jeweils einen Ganzkörperplan darstellen. Durch die Erstellung zweier unterschiedlicher Ganzkörperprogramme können die einzelnen Muskelgruppen noch vielseitiger gereizt werden. Bei der Übungsauswahl wurde darauf Wert gelegt, dass eine ausgewogene Mischung aus geführten Geräten, Übungen am Kabelzug und mit freiem Gewicht gewählt wurde, um sowohl Muskeln als auch die Gelenke vielseitig zu stimulieren. Neben eingelenkigen Isolationsübungen wie Beinbeuger/Beinstrecker soll das Mitglied aufgrund seiner fortgeschrittenen Trainingserfahrung auch durch komplexe, mehrgelenkige Übungen (z.B. Kreuzheben, Langhantelrudern) koordinativ gefordert werden. Die Vielseitigkeit soll auch einer Eintönigkeit entgegenwirken.

Tab. 10: Trainingstage des Mitglieds

Tag A	Tag B
Beinstrecker	Kreuzheben mit Langhantel
Beinbeuger	Bankdrücken an der Multipresse
Hackenschmidt-Kniebeuge	Vorgebeugtes Rudern mit Langhantel
Lat.-Zug mit weitem Griff (Kabelzug)	Schrägbankdrücken m. Kurzhanteln
Rudern eng am Kabelzug	Butterfly reverse
Schulterdrücken mit Kurzhanteln	Bizepscurls Langhantel
Trizepsdrücken am Kabelzug mit Seil	Trizepsdrücken Stange
Hammercurls stehend mit Kurzhanteln	Bizepscurls m. Reverse-Griff

Ein Zeitabschnitt von 2 Wochen könnte wie folgt gestaltet sein und soll sich im Laufe des Mesozyklus 3 Mal wiederholen.

Tab. 11: Vorschlag für einen zweiwöchigen Trainingsabschnitt

	Montag	Dienstag	Mittwoch	Donnerstag	Freitag	Samstag	Sonntag
Woche 1	Tag A	x	Tag B	x	Tag A	x	x
Woche 2	Tag B	x	Tag A	x	Tag B	x	x

Die Intensität des Trainings soll im Verlauf des vorliegenden Mesozyklus kontinuierlich gesteigert werden (nach Tabelle 12), analog in den Mesozyklen 3 und 4.

Tab. 12: Steigerung der Intensität innerhalb von Mesozyklus 2

	Woche 1 + 2	Woche 3 + 4	Woche 5 + 6
Intensität (% des ILB)	70	75	80

4.2 Begründung der Übungsauswahl

4.2.1 Beinbeuger/Beinstrecker (Gerät)

Da der Proband gelegentlich Schmerzen im Kniegelenk verspürt, werden diese beiden Übungen an Tag A der Kniebeugen-Übung vorangestellt. Indem m. Quadriceps femoris und m. biceps femoris bei relativ niederem Gewicht trainiert werden (verglichen mit Kniebeugen) wird die Oberschenkel-Muskulatur optimal auf die kommende „große" Belastung durch die Kniebeugen am Hackenschmidt-Gerät vorbereitet. Dadurch kann die Gefahr von auftretenden Schmerzen verringert werden. Außerdem trägt eine separate, gleichmäßige Beanspruchung von Oberschenkelvorder- und Rückseite dazu bei, einer intermuskulären Dysbalance vorzubeugen.

4.2.2 Hackenschmidt-Kniebeugen / Kreuzheben

Beide Übungen bewirken eine intensive Stimulation der gesamten Beinmuskulatur und erlauben das Arbeiten mit großem Gewicht. Durch diese Übungen sollen die Kraftdefizite, die der Proband in den Beinen aufweist, behoben werden. Vorteilhaft bei der Hackenschmidt-Maschine ist, dass die Füße auf der Trittplatte weiter vorn positioniert werden können. Dies verringert den Winkel im Kniegelenk, wodurch dieses schonend trainiert werden kann (vlg. Gottlob, 2009, S. 385 ff.). Beim Kreuzheben mit der Langhantel wird zusätzlich verstärkt der Rückenstrecker trainiert, was zu einer aufrechteren Haltung – gemäß den Zielen des Mitglieds – beitragen soll. Insgesamt wird beim Kreuzheben der gesamte Körper beansprucht und ist als hocheffektive Übung im Bereich der intermuskulären Koordination und allgemeinem Kraftzuwachs anzusehen.

4.2.3 Lat.-Zug weit am Kabelturm / Langhantelrudern vorgebeugt

Beide Übungen dienen der Stärkung des breiten Rückenmuskels. Während beim Lat.-Zug dieser relativ fokussiert trainiert werden kann, wird beim Langhantel-Rudern zusätzlich der Trapez-Muskel angesteuert. Außerdem werden eine Reihe von Autostabilisationsmechanismen im Körper aktiviert, wodurch ebenfalls die Beine und der gesamte Rumpf zu statischer Arbeit gezwungen werden. Das Rückentraining des Mitglieds erhält hierdurch eine funktionale Komponente. Zudem kommt bei beiden Übungen der m. biceps brachii hilfsweise aktiv zum Einsatz.

4.2.4 Horizontales Rudern am Kabelzug mit engem Griff

Mit dieser Übung wird nahezu das gesamte muskuläre Spektrum im Bereich des Rückens beansprucht. Zusätzlich wird der hintere Kopf des Schultermuskels beansprucht. Das horizontale Rudern soll somit zu einer geraden Haltung im Sinne des Mitglieds beitragen.

4.2.5 Bankdrücken an der Multipresse / Schrägbankdrücken mit Kurzhanteln

Hierbei steht das spezifische Training des großen Brustmuskels im Vordergrund. Während an der Multipresse die Brust gleichmäßig und konzentriert angesteuert werden kann, liegt das Augenmerk beim Schrägbankdrücken auf einer spezifischen Ansteuerung des oberen Bereichs des m. pectoralis major. Dies spielt nicht zuletzt im Rahmen des Figurtrainings unter dem Aspekt der Ästhetik eine Rolle. Durch den Einsatz von Kurzhanteln werden außerdem die Rotatorenmanschetten im Schultergelenk zur Ausstabilisierung des Arms gezwungen und zusätzlich gestärkt.

4.2.6   Butterfly reverse

Diese Übung wurde speziell ausgewählt, um einer besseren Haltung Rechnung zu tragen, die sich das Mitglied wünscht. Durch die spezifische Ansteuerung des oberen Rückenbereichs sowie der hinteren Schulterpartien soll eine Öffnung des Oberkörpers erreicht und die Schultern langfristig zurückgezogen werden. Hierdurch wird eine aufrechte Haltung gefördert.

4.2.7   Schulterdrücken sitzend mit Kurzhanteln

Bei dieser Übung liegt der Fokus auf der gesamten Schultermuskulatur. Die Bank wird in eine aufrechte Position gestellt und der Rücken angelehnt, sodass ein relativ isoliertes Schultertraining stattfinden kann. Als Hilfsmuskel kommt der m. triceps brachii zum Einsatz.

4.2.8   Bizepscurls (Langhantel, Hammercurls Kurzhantel, Langhantel mit Obergriff

Im Fokus steht der Oberarmmuskel m. biceps brachii. Die verschiedenen Griffvarianten dienen nicht nur einer vielseitigen Stimulation des Muskels, sondern sollen auch dabei helfen, die Ursachen möglicherweise auftretenden Schmerzes genauer ausloten und zuordnen zu können. Wird der Bizepscurl an der Langhantel im Obergriff ausgeführt, erfolgt außerdem ein statisches Training des m. brachoradialis.

4.2.9   Trizepsdrücken am Kabelzug (gerade Stange / Seil)

Trainiert wird der m. triceps brachii. Die unterschiedlichen Griffe sorgen für eine wechselnde Belastung des Trizeps, wodurch der Muskel umfangreicher getroffen wird als mit nur einer Variante.

5   Literaturrecherche

Tab. 13: Studie 1 (Eigene Darstellung)

Autoren	M. Siewers; B. Weisser
Jahr der Veröffentlichung	2007
Forschungsfrage	Welche Effekte haben Krafttraining und Ausdauertraining auf den Blutdruck?
Versuchspersonen	- 10 Probanden im Alter von durchschnittlich 59 Jahren

	- 14 Probanden im Alter von durchschnittlich 67 Jahren
Versuchsaufbau der Studie	Zunächst wurde in einer Pilotstudie eine Gruppe von zehn älteren Probanden (mittleres Alter 59 Jahre) während eines Krafttrainings an der Beinpresse untersucht, wobei Pressatmung vermieden werden sollte. Weiter wurden die Ergebnisse mit der Belastungsblutdruck während einer Fahrradergometrie verglichen (Ausdauertraining). Später erfolgten die gleichen Versuche mit einer weiteren Gruppe von 14 Personen im Alter von durchschnittlich 67 Jahren.
Ergebnisse und Schlussfolgerungen	Bei beiden Testgruppen konnte während der Ergometerbelastung ein deutlicher Anstieg der Blutdruckwerte verzeichnet werden als beim Krafttraining. Der Blutdruck steigt nach dieser Untersuchung beim Krafttraining offensichtlich eher bei niedrigerer Belastung und höherer Wiederholungszahl als bei höheren Belastungen und geringerer erschöpfender Wiederholungszahl. Diese Untersuchungen zeigen, dass eine Beschränkung auf Empfehlungen für ein reines Ausdauertraining aus Angst vor überschießenden Blutdruckanstiegen bei Krafttraining unbegründet ist. Unter einer Ergometerbelastung zeigen sich z. T. sogar stärkere Blutdruckanstiege als bei einem Krafttraining. Solange eine entsprechende Technik (keine Pressatmung) bei einem Krafttraining mittlerer Intensität (60 bis 70 % der Maximalkraft) eingehalten wurde, kam es also nicht zu bedrohlichen Blutdruckanstiegen.

Tab. 14: Studie 2 (Eigene Darstellung)

Autoren	VA Cornelissen; RH Fagard.
Jahr der Veröffentlichung	2005
Forschungsfrage	Wie wirkt sich Krafttraining auf Hypertoniepatienten aus, bei denen ansonsten keine relevanten Erkrankungen vorliegen?
Versuchspersonen	Personen mit einem Durchschnittsalter von 69 Jahren mit Hypertonie.
Versuchsaufbau der Studie	In einer Reihe von Versuchen wurden verschiedene Krafttrainingsprogramme durchgeführt, die zwischen 6 und 26 Wochen dauerten. Die Belastungsintensität variierte hierbei zwischen 30 und 90 % der maximalen Leistungsfähigkeit auf Basis der 1-RM-Methode. Nach den absolvierten Trainingszyklen wurden bei den Probanden erneut die Blutdruckwerte gemessen.
Ergebnisse und Schlussfolgerungen	Es wurde festgestellt, dass Krafttraining im Zusammenhang stand mit einer signifikanten Senkung des Blutdrucks. Im Schnitt konnte der systolische Wert um 6.0 mmHg gesenkt werden, der diastolische um 4,7 mmHg.

6   Literaturverzeichnis

Borg, G. (1998): *Borg's perceived exertion and pain scales.* Champaign, IL: Human Kinetics.

Cornelissen, V.A. & Fagard, R.H. (2005): *Effects of Endurance Training on Blood Pressure, Blood Pressure Regulating-Mechanisms, and Cardiovascular Risk Factors.* Hypertension, Vol. 46, Issue 4.

Ehlenz, H., Grosser, M. & Zimmermann, E. (1998): *Krafttraining. Grundlagen, Metho den, Übungen, Leistungssteuerung, Trainingsprogramme.* 6. Auflage, München: BLV.

Fröhlich, M & Schmidtbleicher, D. (2003): Belastungsintensität und Wiederholungszahl in Abhängigkeit von der Trainingsspezifität im Krafttraining. In G.-P. Brügge mann & G. Norey Klappsing (Hrsg.): *Biologische Systeme, mechanische Eigen schaften und ihre Adaptionen bei körperlicher Belastung.* Hamburg, Verlag Cwalina.

Fröhlich, M, Schmidtbleicher, D. & Emrich, E. (2002b): *Intensität und Wiederholungs zahl als Steuerungsparameter im Krafttraining – State oft he Art.* Zeitschrift für Physiotherapeuten, 54 (5), 745-750.

Gottlob, A.: *Differenziertes Krafttraining mit Schwerpunkt Wirbelsäule.* 3. Auflage, München 2009, Urban & Fischer Verlag

Güllich, A. & Schmidtbleicher, D. (1999): *Struktur der Kraftfähigkeiten und ihrer Trai ningsmethoden.* Deutsche Zeitschrift für Sportmedizin, 50 (7/8), 223-234.

Schnabel, G.; Harre, D.; Barde, A.: *Trainingswissenschaft. Leistung, Training, Wett kampf.* Berlin 1997, Sportverlag.

Siewers, M., Weisser, B. (2007): *Krafttraining und arterielle Hypertonie.* Deutsche Medizinische Wochenschrift, 132(46): 2449-2452.

Wirth, K, Atzor, K.R & Schmidtbleicher, D (2007): *Veränderungen der Muskelmasse in Abhängigkeit von Trainingshäufigkeit und Leistungsniveau.* Deutsche Zeitschrift für Sportmedizin, 58 (6), 178-183.

7   Tabellenverzeichnis